UNIVERSITÉ DE FRANCE.

FACULTÉ DE THÉOLOGIE PROTESTANTE DE STRASBOURG.

JEAN DAMASCÈNE

SA VIE ET SES ÉCRITS.

THÈSE

PRÉSENTÉE

à la Faculté de théologie protestante de Strasbourg

ET SOUTENUE PUBLIQUEMENT

le   novembre 1862, à   heures du soir,

POUR OBTENIR LE GRADE DE BACHELIER EN THÉOLOGIE,

PAR

F. ALFRED PERRIER

DE LÉZAN (GARD),

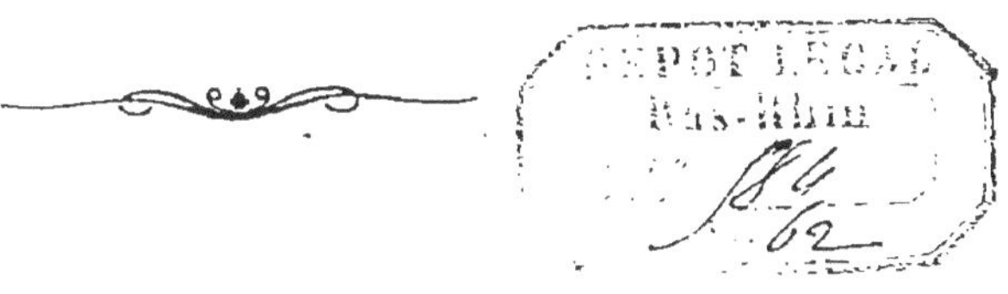

STRASBOURG,

TYPOGRAPHIE DE G. SILBERMANN, PLACE SAINT-THOMAS, 3.

1862.

A LA MÉMOIRE BÉNIE

DE

MA MÈRE.

A. PERRIER.

FACULTÉ DE THÉOLOGIE PROTESTANTE DE STRASBOURG.

M. BRUCH ✳, Doyen de la Faculté.

MM. BRUCH ✳,
RICHARD,
FRITZ,
JUNG ✳,
REUSS ✳,
SCHMIDT,

Professeurs de la Faculté.

M. RICHARD, Président de la soutenance.

MM. RICHARD,
JUNG ✳,
SCHMIDT,

Examinateurs.

JEAN DAMASCÈNE

SA VIE ET SES ÉCRITS.

Introduction.

L'Église, fidèle au mandat que lui avait confié son divin fondateur d'annoncer l'Évangile à toute créature humaine et d'instruire toutes les nations, en les introduisant dans sa communion par le baptême, entreprit de bonne heure cette œuvre gigantesque. Le dernier des apôtres n'était pas encore allé rejoindre son Sauveur, que nous la voyons s'organiser, se constituer et réunir tous ses membres dans les cadres d'une même discipline. Il ne suffisait pourtant pas de consolider les bases de l'édifice élevé au prix de tant de souffrances, il fallait aussi travailler à son achèvement en préparant les matériaux nécessaires à ce grand ouvrage. Affermir ceux du dedans, se défendre contre les ennemis du dehors et chercher à les gagner à sa cause, telle a été de tout temps la double tâche de l'Église, tel fut surtout le spectacle qu'elle présenta dans les premiers siècles de son existence.

A peine a-t-elle pris conscience d'elle-même, qu'elle est à la fois compromise par les faux frères qui minent les fondements de sa foi, et attaquée par les ennemis du dehors que la folie de la croix scandalise ou repousse. De là les apologies nombreuses provoquées dans les premiers siècles par les besoins du moment, pour défendre le christianisme contre les injustes accusations des Juifs ou des Gentils. Justin Martyr, Clément d'Alexandrie, Tertullien, Origène font tour à tour entendre leurs voix éloquentes en faveur de leurs frères persécutés, ou prennent la plume pour justifier dans de savantes apologies la foi qui leur est commune.

Cependant, après trois siècles de glorieuses humiliations et d'indicibles souffrances, l'Église obtient droit de cité dans le monde et parvient à se faire adopter par les Césars. Dès lors son existence extérieure change complétement, et couverte de la protection, souvent chèrement achetée, des chefs de l'empire, elle continue son œuvre de conversion et de salut. Ayant moins besoin de se défendre au dehors, elle cherche à raisonner sa foi et à la formuler systématiquement. Alors les Bazile de Césarée, Ambroise de Milan, Chrysostome, Augustin cherchent à exposer scientifiquement quelques-unes de ses doctrines. Néanmoins elle ne posséda pendant longtemps que des ébauches de ce genre. On comprend du reste facilement qu'il en fut ainsi, car les nombreuses discussions théologiques et les controverses dogmatiques qui l'ont si fortement agitée pendant plusieurs siècles, rendaient impossible un ouvrage pour lequel les matériaux n'étaient pas encore suffisants. Dans ses nombreuses apologies des premiers siècles, l'Église n'exposa, en les défendant (et plût à Dieu qu'elle eût toujours suivi cette méthode!), que les croyances générales partagées par tous ses adeptes. Le sentiment du danger avait pour un instant réuni autour du drapeau commun tous les membres de la famille chrétienne, jusqu'à ce qu'une funeste sécurité vînt jeter dans son sein le brandon des controverses théologiques. Lorsqu'elle voulut ajouter à sa foi la science, elle vint se heurter à chaque instant contre les formules toujours impuissantes à exprimer les vérités métaphysiques ou morales, et provoqua les désordres qui devaient lui faire perdre une partie de son indépendance, en appelant à son aide, pour la répression des hérétiques, le pouvoir civil dont les services devaient lui coûter si cher. Les chefs de l'État, qui prêtaient volontiers leur appui au parti qui leur était favorable et voulait faire triompher sa cause, se rappelaient à l'occasion que leur voix n'était pas sans valeur dans les conciles. Aussi, entre leurs mains, les controverses dogmatiques qu'ils envenimèrent souvent à plaisir. devinrent de puissantes armes politiques au grand préjudice de l'indépendance et de la dignité des conducteurs spirituels du peuple chrétien.

L'Église ainsi asservie ne tarda pas à voir s'éteindre entre ses mains le flambeau qui avait, pendant plusieurs siècles, jeté un si vif éclat. La liberté, chassée de son sein, sembla entraîner avec elle les lumières qui en avaient fait à la fois un foyer de science et d'édification. Mais lorsque, pour prix de ses bienfaits, le pouvoir civil eut empiété sur les droits dont elle n'aurait jamais dû se dessaisir, au point de lui imposer ses opinions théologiques, la science, sœur jumelle d'une saine liberté, s'éloigna toujours plus du théâtre de ses immortels triomphes.

Cette dégénérescence est surtout sensible pour l'Église grecque du huitième siècle. Après Chrysostome, non-seulement l'éloquence, mais la science théologique elle-même tombèrent dans une mortelle léthargie. Les controverses qui auraient dû, semble-t-il, la rappeler à la vie, ne firent que mieux constater sa faiblesse et l'asservir aux opinions de ses anciens auteurs. Aussi c'est à peine si l'on rencontre, de temps à autre, un nom digne d'être mentionné. Vers la fin du septième siècle nous trouvons cependant un auteur qui, de son temps, a jeté un assez vif éclat et joui d'une réputation légitime à bien des égards. Je veux parler de Jean Damascène qui nous présente dans ses ouvrages un abrégé de la science de ses prédécesseurs, et nous offre le premier essai tenté pour résumer en un tout systématique la doctrine de l'Église.

Mon intention avait d'abord été d'étudier la théologie de l'Église grecque dans une de ses principales périodes, et de me faire, par mes propres recherches, une idée de la dogmatique d'une des fractions de la chrétienté qui tient unis sous un même symbole plus de cent millions de fidèles [1]. J'avais même déjà réuni dans ce but d'utiles matériaux. Mais des circonstances, indépendantes de ma volonté, m'ont obligé de réduire le cadre de mon travail aux modestes proportions d'une esquisse biographique et littéraire. J'ai pensé néanmoins que le sujet auquel je me suis arrêté est assez intéressant pour pouvoir fournir la matière d'une thèse.

[1] Macaire, *Introduction à l'histoire de la théologie orthodoxe*, p. 4.

Vie de Jean Damascène.

Avant d'entreprendre l'étude des ouvrages de Damascène, il ne sera pas hors de propos, ce me semble, de faire brièvement connaître les principaux traits de sa vie.

Il naquit à Damas, vers la fin du septième siècle, d'une ancienne et illustre famille chrétienne de cette ville. Son père, qui occupait un poste important à la cour du calife, chercha de bonne heure à lui faire donner une éducation soignée et à le mettre au courant de la science de l'époque. Mais sa sollicitude pour son fils était loin d'absorber son temps et sa charité. Possesseur d'une immense fortune, il en employait une grande partie à faire du bien autour de lui. Une des œuvres qui paraissent avoir le plus réveillé ses sympathies et provoqué ses libéralités, c'est le rachat des chrétiens captifs. Il confia même l'éducation de son fils à l'un d'entre eux, un moine nommé Cosme, qui lui enseigna la grammaire, la dialectique, la géométrie, la musique et même l'astrologie. « La science ne l'avait pas enflé, dit Jean de « Jérusalem, mais comme un arbre chargé de fruits, ses « branches étaient penchées vers la terre [1]. » En réduisant ces éloges à leur juste proportion, il en ressortira toujours pour nous la conviction que le précepteur de Jean Damascène était un homme instruit pour son temps. Lorsque l'éducation de son élève fut terminée, Cosme demanda en grâce la permission de retourner au couvent, d'où il devait sortir plus tard pour monter sur le siége épiscopal de Mazume.

En 730, Léon l'Isaurien ayant proscrit par un décret

[1] *Damasc. opera*, introd.

le culte des images et ordonné une persécution contre ceux qui continuaient à les honorer, Jean, qui occupait alors le poste de son père à la cour du calife, écrivit en leur faveur. Il prononça même plusieurs discours, qui nous ont été conservés, pour défendre leur culte et justifier le respect dont elles étaient entourées. L'empereur irrité cherche à tirer vengeance de son adversaire. Dans ce but il fait, dit-on, fabriquer une lettre supposée à son adresse et écrite par Damascène, et en envoie une au calife pour accuser Jean de trahison. Il sera peut-être intéressant d'introduire ici ces deux documents, que Jean de Jérusalem nous a conservés.

Voici la lettre supposée de Damascène à l'empereur :

« Seigneur, puisque je suis chrétien, je crois être
« obligé de rendre en cette qualité à l'empereur des
« chrétiens le service que Dieu et ma conscience atten-
« dent de moi. Dans cet esprit, je vous donne avis que
« cette ville de Damas est extrêmement mal gardée, et
« que la garnison des Sarrazins y est si faible, qu'elle
« n'est nullement en état de résister aux premières in-
« sultes qu'on lui fera. Je vous conjure, au nom de Dieu,
« de ne pas perdre une si belle occasion de délivrer de
« la tyrannie des barbares une si florissante ville. Il ne
« faut pour cela que faire avancer les troupes que vous
« avez sur la frontière. Comme c'est moi qui commande
« la ville, je vous engage ma foi de chrétien que je don-
« nerai si bon ordre à tout qu'elles la prendront sans au-
« cune résistance aussitôt qu'elles paraîtront. J'attends
« sur cela vos ordres pour l'exécution d'une entreprise
« qui ne peut manquer, si vous suivez le conseil que
« vous donne

« JEAN, votre très-fidèle serviteur et sujet. »

Ayant ainsi contrefait cette lettre, dit Maimbourg [1],
l'empereur l'envoya par un de ses confidents au calife,
avec une autre ainsi conçue :

« La différence de religion ne peut jamais donner
« droit aux princes de commettre un crime ou une lâ-
« cheté, en violant la foi jurée. Pour vous montrer que
« je veux y rester fidèle, je vous envoie la lettre qu'un
« scélérat, quoique chrétien, en qui vous avez pleine
« confiance et qui vous trahit, m'a écrite. Vous jugerez
« par là de la perfidie de ce traître et de la sincérité de
« mon procédé, qui pourra vous convaincre qu'il ne
« tiendra qu'à vous, si vous en usez comme moi, que
« je ne sois votre ami et votre allié. » Le calife ainsi
joué se vengea, dit-on, d'une manière atroce, en faisant couper la main droite à Damascène.

Ici se place la légende merveilleuse de sa guérison
par l'intermédiaire de la vierge, légende inventée, à
n'en pas douter, pour accréditer l'invocation des saints
et le culte rendu à leurs images. Jean, dont la main
avait été exposée sur la place publique, fait demander
au calife de la lui rendre, ce qu'il obtient aussitôt. Dès
qu'il l'a reçue, il se rend dans une chapelle domestique
et, prosterné devant une image de la Vierge, lui adresse
en vers (la douleur inspirait sa muse paraît-il) cette
prière : « O toi qui as donné le jour à mon Dieu, ma
« main a été coupée à cause de tes saintes images ; tu
« n'ignores pas le motif de la fureur avec laquelle Léon
« a sévi contre moi. Secours-moi le plus tôt possible et
« guéris ma main ! » En récitant ces vers, il tombe dans
un profond sommeil, pendant lequel il voit l'image de

[1] *Histoire de l'hérésie des Iconoclastes*. liv. II, p. 106.

la Vierge se tourner gracieusement vers lui et lui dire:
« On t'accorde la guérison que tu demandes. Tu peux
« maintenant disposer de ta main comme il te plaira.
« Qu'il te souvienne donc de l'employer, selon ta pro-
« messe, à combattre par tes écrits l'impiété de ceux
« qui traitent indignement nos images. »

Tout cela est trop merveilleux pour mériter la
moindre créance. Du reste Baronius traite cette guérison de « miracle prétendu » et Dom Ceillier [1], après l'a-
voir rapporté, ajoute: « quoi qu'il en soit » ce qui, sous
sa plume, équivaut à une négation. Du reste n'aurions-
nous aucun témoignage de ce genre, de pareilles fables
se réfutent d'elles-mêmes; le simple bon sens en fait
promptement justice. Ce qu'il pourrait y avoir de vrai
sous ce récit légendaire, c'est que le fanatique attachement de Damascène au culte des images a bien pu le
faire tomber en disgrâce auprès du calife, disciple de
Mahomet, et partant fidèle observateur du second commandement. C'est là aussi probablement ce qui déter-
mina Damascène à se retirer dans un couvent.

Ce qu'il y a de certain, c'est qu'après avoir distribué
tous ses biens aux pauvres et aux captifs, accordé la
liberté à ses esclaves, il résolut de se vouer à la vie
monastique. N'ayant pour toute fortune que les vête-
ments qu'il portait, il se rendit au couvent de Saint-Sa-
bas, en Palestine, et demanda en grâce au directeur
d'être reçu parmi les siens. « Je suis, dit-il, une
« brebis perdue qui abandonne les montagnes stériles
« pour retourner vers Christ son pasteur. » Admis dans
le couvent, il y fut d'abord soumis à diverses épreuves,

---

[1] Histoire, t. XVIII, p. 110.

souvent fort humiliantes, qu'il supporta avec une grande patience, après quoi on le laissa maître de son temps. Le patriarche de Jérusalem l'ayant obligé à recevoir l'ordre de la prêtrise, il s'y soumit et retourna dans sa cellule, où il vécut en paix jusqu'à sa mort (757), tout occupé de ses travaux, dont nous allons maintenant donner un aperçu.

Ses écrits.

Ses trois principaux ouvrages sont la *Dialectique*, où il se prononce pour l'autorité de la logique d'Aristote. Le *Traité des hérésies*, qui comprend cent trois hérésies en autant d'articles, dont les quatre-vingts premiers sont extraits d'Épiphane, de Théodoret etc. Il n'y a de lui que le dernier article sur Mahomet et sa religion, où il reproduit en détail un de ses traités contre un Sarrazin. On y voit les principales objections que les Musulmans faisaient ordinairement aux chrétiens sur la divinité du Verbe, l'Incarnation, la cause du mal et le libre arbitre. Dans sa défense, Damascène insiste surtout sur ce que Mahomet n'avait donné aucun signe de sa mission. L'*Exposition de la foi orthodoxe* (Ἔκδοσις ἀκριβῆς τῆς ὀρθοδόξου πίστεως), qui est un résumé de la doctrine des Pères. C'est l'ordre dans lequel il range ces trois ouvrages, dans son épître dédicatoire à son ancien précepteur Cosme, devenu évêque de Mazume, près de Gaza.

Nous possédons en outre de lui un ouvrage de morale sous le titre de *Parallèles* (τα ἱερα παραλλέλα). C'est une comparaison des sentences des Pères avec celles de l'Écriture, sur un grand nombre de vérités morales. Elles sont rangées par ordre alphabétique.

« Ce qu'il y a d'avantageux dans ce recueil, dit Dom
« Ceillier[1], c'est que Damascène nous y a conservé une
« quantité de fragments d'ouvrages perdus. » Nous
avons encore de lui un *Traité des huit vices capitaux*,
« bien pauvre » à ce que dit Ritter dans son *Histoire de
la philosophie*; un *Traité des vertus et des vices*, qu'il
divise en corporels et spirituels. Il met dans la première
catégorie les macérations, l'abstinence du bain (on
voit que Damascène ne se serait pas opposé à la béati-
fication d'Élisabeth de Hongrie), la frugalité, le silence,
les travaux manuels. Ses écrits contre les Eutychiens,
les Monothélites, les Nestoriens; les Homélies qu'on
lui attribue, et ses Commentaires ne sont que des com-
pilations de peu de valeur. Il a composé, paraît-il, des
hymnes pour les fêtes de Noël, de l'Épiphanie, Pente-
côte, l'Ascension, la Transfiguration, l'Annonciation.
Enfin il nous faut mentionner ses trois discours sur les
images, dont nous parlerons en détail dans la suite de
cette esquisse.

L'*Exposition de la foi orthodoxe* étant de tous ses
ouvrages celui qui offre le plus d'intérêt, nous allons
nous en occuper spécialement et en faire l'analyse.

Ce traité ne formait d'abord qu'un seul livre, mais
on l'a ensuite divisé en quatre, peut-être à l'imitation
des quatre livres des *Sentences*, de Pierre Lombard.

LIVRE PREMIER.

Il se compose de quatorze chapitres qui traitent
de l'essence et de l'existence de Dieu, des propriétés
de la nature divine, de son unité, de la trinité des personnes. Partant de l'incompréhensibilité de Dieu, il

[1] *Histoire*, t. XVIII.

cherche à montrer la nécessité d'une révélation. Il tire sa principale preuve de l'existence de Dieu, du sentiment intime que chaque homme a de cette existence, et en s'appuyant sur ces paroles du psaume XIV, v. 1, *L'insensé dit en son cœur : Il n'y a point de Dieu.* Voici comment il résout les difficultés. Il dit à ceux qui voudraient savoir comment Dieu est un en trois personnes, que cette connaissance surpasse l'intelligence humaine. Ce qui doit empêcher les hommes de tenter d'approfondir ce mystère, c'est qu'ils ne peuvent comprendre plusieurs choses qui se passent en eux-mêmes, par exemple comment leur âme existe et se meut, comment l'homme est à la fois mortel et immortel (*Traité des hérésies*). En parlant du Saint-Esprit, il l'appelle: Τό κύριον, καὶ ζωοποίον· Τό ἐκ του Πατρός εκπορευόμενον, καὶ εν Ὑίῷ ἀναπαυόμενον· Τὸ τῳ Πατρι καὶ Ὑίῷ συμπροσκυνουμενον καὶ συνδοξαζομενον (cap. VIII). On voit que Damascène n'admettait pas la fameuse formule du *filioque*, généralement admise dans l'Église d'Occident, introduite dans le symbole au synode de Tolède (589), et qui devait un jour favoriser le schisme qui, au moyen âge, scinda l'Église en deux camps ennemis.

LIVRE SECOND.

Dans le second livre il explique ce que l'on doit entendre par le nom de siècle et combien il y en a, ce que signifie le terme de création et quel mobile (amour) a poussé Dieu à créer ; il parle ensuite de la nature des anges et des démons. Les anges, selon lui, sont des créatures raisonnables, intelligentes, libres, incorporelles, immortelles « non par leur nature, mais par la

« grâce de Dieu. » Ils tirent leur sainteté du Saint-Esprit. Une de leurs fonctions est de garder certaines parties du monde, de présider aux destinées des nations, et de nous assister dans nos besoins. Quant à l'époque de leur création, notre auteur, suivant ici l'opinion de Grégoire de Naziance, dit qu'elle a précédé celle du monde (chap. III). Les démons sont de même nature que les bons anges ; s'ils sont devenus mauvais, c'est par leur propre choix. Ils n'ont d'autre pouvoir que celui que Dieu leur accorde, et, quoiqu'il leur soit permis de tenter l'homme, ils ne peuvent faire violence à personne. Nous pouvons céder ou résister à leurs suggestions.

Suit une description du ciel visible, de la lumière, du feu, du soleil, de la lune, des étoiles, des planètes, des signes du zodiaque et des comètes. Il croit que Dieu les crée pour annoncer la mort des rois, comme il a créé exprès, selon lui, l'étoile qui apparut aux Mages, et qu'il les détruit après l'événement des choses qu'elles ont annoncées. C'était là peut-être un des résultats des leçons d'astrologie de son précepteur Cosme. En parlant de l'homme, il dit que Dieu ἐποίησε αὐτον φύσει ἀναμαρτήτον και θελήσει αὐτεξούσιον (chap. XII). Il s'étend longuement sur les facultés de l'âme et les passions de l'homme, qu'il divise en licites et illicites, corporelles et spirituelles. Après avoir traité de la tristesse, de la crainte, de la colère, il parle des cinq sens et fait à leur propos cette observation assez burlesque, et qui ne semble pas intéresser bien directement la dogmatique, c'est que l'homme est de tous les animaux celui dont les oreilles sont immobiles.

A propos de la prescience et de la prédestination, il distingue en Dieu deux volontés, l'antécédente et la conséquente. Dieu veut, par une volonté antécédente, que tous les hommes soient sauvés (1 Tim. II, 4), car il ne nous a pas créés pour nous punir, étant bon comme il est. Mais parce qu'il est également juste, il veut, par une volonté conséquente, que les pécheurs soient punis. « *Hoc itidem nosse oportet, Deum primaria* « *et antecedente voluntate velle omnes salvos esse et re-* « *gni sui compotes fieri. Non enim nos ut puniret condi-* « *dit, sed quia bonus est, ad hoc ut bonitatis suæ parti-* « *cipes essemus. Peccantes porro puniri vult quia justus* « *est. Eorum vero qui in nobis sita sunt, bona quidem* « *primario Deus vult et secundum bene placitum; mala* « *autem quæ revera mala sunt, neque primario neque* « *consequenter vult, sed libero arbitrio permittit* » (chap. XXIX). Dieu voit tout par sa science, mais il ne prédestine pas tout. Il prévoit ce que nous ferons, mais il ne nous fait pas faire le mal, nous laissant libres dans nos actions. Voici comment il s'exprime sur le libre arbitre et la grâce dans son chapitre intitulé περὶ τῶν ἐν τῷ Χριστῷ δύο θελημάτων καὶ ἐνεργειῶν. Dieu nous a donné le libre arbitre et le pouvoir de faire le bien, afin que les bonnes œuvres viennent de lui et de nous. Cette idée est, semble-t-il, conforme à la déclaration de saint Paul dans 1 Cor. III, 9. Ceux qui choisissent le bien sont aidés de Dieu pour le faire et, en usant bien des forces de la nature (ceci sent fortement le pélagianisme), ils obtiennent les dons surnaturels, comme l'immortalité et la participation de la divinité, par l'union avec Dieu. Ceux au contraire qui abusent des facultés de la nature contre les lumières de la raison, deviennent semblables aux bêtes qui en sont destituées. Dieu est tellement la source de tout bien, que sans son secours nous ne pouvons ni le vouloir ni le faire, ce qui n'empêche qu'il ne soit en notre liberté de demeurer attachés à la vertu ou de l'abandonner pour nous plonger dans le vice. On voit, par ce qui précède, que notre auteur s'efforce, dans la question de l'origine du mal, de sauvegarder à la fois la sainteté de Dieu et la liberté de l'homme. « Il fallait, dit-il (chap. XXX), « que l'homme fût éprouvé parce que sans cela sa vertu « n'aurait été d'aucun prix. De là la défense faite à « Adam dans le jardin d'Eden. Mais une fois vaincu « par Satan, il perdit sa foi en Dieu et tomba dans la « ruine spirituelle et morale. »

LIVRE TROISIÈME.

Ce livre est employé à montrer de quel moyen Dieu s'est servi pour racheter l'homme de la condamnation qu'il avait encourue par le péché. On serait en droit de s'attendre à une exposition scientifique, ou tout au moins détaillée, du dogme capital de la Rédemption, le centre et le foyer de l'Évangile, d'où s'échappent les rayons bienfaisants qui vont porter, avec la lumière, le pardon et la paix à tant d'âmes. Pas du tout. Au lieu de nous parler de la Rédemption, Damascène s'évertue à traiter de l'Incarnation et de l'union des deux personnes en Christ, sans confusion ni changement (contre les Monophysites), en sorte que Jésus-Christ est Dieu parfait et homme parfait. Toute la nature divine a été unie dans une de ses personnes à la nature humaine « telle qu'elle fut créée en Adam et non telle que « l'a faite le péché. » La personne du Verbe est, après l'Incarnation, la même qu'auparavant, avec cette seule différence qu'elle était simple avant l'union avec la

nature humaine, et que depuis cette union elle est deve-
nue composée de deux natures parfaites, la nature divine et la nature humaine. Aussi devons-nous l'adoration à la nature humaine du Christ. «J'adore, dit-il,
« les deux natures de Jésus-Christ à cause de l'union de
« la divinité avec la chair; mais je n'introduis pas pour
« cela une quatrième personne dans la Trinité. A Dieu
« ne plaise! Je ne confesse qu'une seule personne du
« Verbe et de sa chair. La Trinité, même après l'In-
« carnation, est demeurée Trinité. »

Que nous voilà loin de la sublime simplicité de l'É-
vangile, de sa sobriété dans d'aussi épineux sujets, et
combien étaient à plaindre les auditeurs de Damascène
si, un dimanche de la Passion ou un jour de Vendredi-
Saint, il n'offrait à leur édification qu'une pareille théologie !

Il conclut de tout ce qui précède qu'il faut rejeter
l'addition faite au *Trisagion* par Pierre-le-Foulon,
parce qu'elle ajoutait une quatrième personne à la Trinité, celle qui avait été attachée à la croix. Car dans
cette hymne[1] les paroles: *Dieu saint*, se rapportent au
Père; *Saint fort*, au Fils, et *Saint immortel*, au Saint-
Esprit. Donc en ajoutant: *qui êtes crucifié pour nous,
ayez pitié de nous*, c'est mettre une quatrième personne
dans la Trinité. Après avoir rapporté l'origine de cette
addition, il cherche à réfuter les Nestoriens, ce qui
l'amène à parler des deux volontés en Christ (cap. XIII,
XIV). «En Christ, dit-il, la divinité n'a jamais souffert,

[1] *Sanctus Deus et Pater; sanctus Fortis, Filius Dei incarnatus et
pro nobis crucifixus carne; sanctus Immortalis Spiritus, sanctus
unus Dominus Sabaoth, miserere nobis.*

(De Fide, cap. X.)

« quoiqu'elle soit demeurée inséparablement unie à
« l'àme et au corps de Jésus-Christ, même lors de sa
mort. » Dans le chap. XXVII du même livre, intitulé :
De domini oratione, après avoir défini la prière : ᾿Ανά-
βασις νοῦς πρὸς ϑεόν, il explique celles de Jésus-Christ
pendant son agonie ou sur la croix. Il tire des dernières
paroles du Sauveur expirant : « Mon Dieu, mon Dieu,
pourquoi m'as-tu abandonné? » un argument en faveur
de la satisfaction vicaire. « Si Jésus-Christ ne s'était pas
« complétement mis à notre place, il n'aurait pas pu
parler ainsi. » C'est le seul passage de tout ce livre où
l'auteur traite directement son sujet.

LIVRE QUATRIÈME.

Si Christ, après sa résurrection, a bu et mangé,
c'était uniquement pour prouver la vérité de sa résurrection et non par besoin (cap. I). Lorsque l'Écriture
dit qu'il est assis à la droite du Père, cela doit s'entendre
de la participation de la gloire accordée à l'humanité
de Jésus-Christ, parce que ne pouvant être enfermé
dans l'espace, il ne peut y avoir pour lui ni de droite
ni de gauche (cap. II). A ceux qui lui objectaient que
s'il y avait deux natures en Jésus-Christ, il fallait ou
adorer la créature ou n'adorer qu'une des deux natures,
la nature divine, il répond que si la nature humaine
n'est pas adorable en elle-même et qu'il l'adore en
Jésus-Christ, c'est en la regardant comme la chair du
Verbe. « La chair n'est point adorable de sa nature. »
« *Caro suapte quidem natura nequaquam est adoranda;*
« *sed cum in incarnato Verbo adoratur, non quidem*
« *propter se ipsam, sed propter Deum Verbum quod se-*
« *cundum hypostasim ipsi copulatum est. Neque enim*

« *fatemur nudam simplicem carnem adorari, rerum*
« *Dei carnem sive Deum incarnatum* » (σεσαρκωμενον
ϑὲον) (cap. III).

Après avoir parlé du culte de la croix, des reliques
et des images, faisant valoir en leur faveur des arguments que nous retrouverons plus loin en détail, traité
dans un paragraphe particulier des ancêtres du Sauveur, il s'occupe du canon. Pour ce qui regarde l'Ancien Testament, il ne parle pas des livres apocryphes
de Judith, Tobie et les Machabées. Quant à la Sapience
et à l'Ecclésiastique, s'il les mentionne, c'est pour les
repousser comme non canoniques. Il ne dit rien de
nouveau sur le Nouveau Testament. Voici comment il
s'exprime au sujet de l'Écriture : « On ne peut douter
« que toute l'Écriture sainte ne soit inspirée de Dieu,
« puisque (ce qu'il ne cherche pas à établir) la loi, les
« prophètes, les évangélistes, les apôtres et même les
« pasteurs et docteurs n'ont été que l'organe du Saint-
« Esprit » (cap. VII). Et ailleurs : « Il est très-avanta-
« geux de la méditer. Non-seulement elle règle nos
« mœurs, mais par ses puissantes exhortations, elle
« nous excite à la pratique de la vertu et nous détourne
« du vice. En négliger la lecture, c'est s'exposer à de
« grandes pertes. Le soldat dit qu'étant soldat, il n'a
« pas besoin de cette lecture, le laboureur s'en excuse
« aussi sur le besoin qu'il a de travailler, d'autres al-
« lèguent de semblables prétextes, et de là vient qu'ils
« tombent tous dans la défaillance. »

Après cette longue digression, il revient au mystère
de l'Incarnation et cherche, en s'appuyant sur différentes déclarations de l'Écriture, à prouver que Jésus-
Christ est Dieu et homme parfait. En expliquant le fa-

meux passage qui avait joué déjà un si grand rôle dans les querelles christologiques: « Mon Père est plus grand que moi » (Jean XIV, 28), il cherche à résoudre la difficulté et dit qu'on doit entendre ces paroles par rapport à l'origine que le Fils tire de son Père.

Il ne mentionne que deux sacrements : le baptême et la Cène. Le premier était préfiguré par la circoncision, et par lui nous sommes ensevelis avec Jésus-Christ. Comme il est mort une seule fois, il faut que nous soyons baptisés une seule fois au nom du Père, du Fils et du Saint-Esprit. Mais ceux qui ayant reçu le baptême en cette forme le reçoivent une seconde fois, crucifient de nouveau Jésus-Christ. Et pourtant l'Église catholique rebaptise les apostats protestants, sauf les membres de la haute Église d'Angleterre, si je ne me trompe! *Qui in sanctam Trinitatem baptisati non sunt, hi denuo baptisentur necesse est.* Il voit dans la triple immersion du baptême l'emblême des trois jours que Jésus-Christ passa dans le tombeau. Il distingue huit sortes de baptêmes, entre autres celui de la pénitence, qui est un baptême de larmes : *βαπτισμά τῆς μετανοίας καί δ'ακρύων ὄντος σπιπονον*, et le baptême de sang : *διά αἵματος καί μαρτυρίου*, qui est le martyre.

L'eau et le sang, qui jaillirent du côté du Sauveur, sont des emblêmes du baptême et de l'Eucharistie. Voici comment il défend son opinion sur ce dernier sacrement : « Si la Parole de Dieu, dit-il, est vivante et « efficace, s'il a fait tout ce qu'il a voulu, douterons-« nous qu'il ne puisse du pain faire son corps et du sang « mêlé d'eau en faire son sang ! » (L'argument est peu concluant). Le Dieu qui a dit : « que la lumière soit, « est le même qui a dit : ceci est mon corps. Comme

« autrefois Dieu fit toutes choses par l'opération du
« Saint-Esprit, c'est par la même vertu qu'il fait dans
« ce mystère des choses qui sont au-dessus de la na-
« ture et qui ne peuvent être comprises que par la foi. »
Le Saint-Esprit survient et fait des choses qui sur-
passent nos paroles et nos pensées. Comme le pain et
le vin sont la nourriture ordinaire des hommes, Dieu
a voulu joindre ces choses à sa divinité et en a fait son
corps et son sang, afin que, par les choses les plus or-
dinaires et les plus conformes à la nature, notre esprit
pût s'élever aux choses divines et surnaturelles. Le pain
et le vin ne sont pas la figure du corps et du sang de
Jésus-Christ, mais son corps même uni à la divinité.
Car le Seigneur n'a pas dit : ceci est la *représentation*
de mon corps, mais ceci est *mon corps;* ceci est la *représentation* de mon sang, mais ceci est *mon sang.* S'il
y en a qui aient appelé le pain et le vin des symboles
du corps et du sang, c'est avant et non après la consé-
cration. Mais Damascène n'est pas tout à fait dans le
vrai, car saint Bazile et plusieurs autres Pères ont appelé le pain et le vin « symboles » même après la con-
sécration. Voici ce que dit à ce sujet un auteur catholique cité par Lesueur dans son *Histoire de l'Église et de
l'Empire*[1]*:* « Damascène nie que le pain et le vin soient
« appelés, par saint Bazile, symboles après la consé-
« cration, ce qui est manifestement faux, comme cela
« ressort de plusieurs passages de Clément, Grégoire de
« Naziance et autres. » Le cardinal Bellarmin, dans le
quinzième chapitre de son livre sur l'Eucharistie, dit que
« cette solution de Damascène offre beaucoup de diffi-

[1] Vol. VI, p. 507.

« cultés. » Voici, du reste, comment s'exprime à ce sujet Bède-le-Vénérable, son contemporain : « Notre Sei- « gneur nous a donné le sacrement de sa chair et de « son sang dans les symboles du pain et du vin, et il « donna à ses disciples, dans la Cène, le symbole de « son corps et de son sang » (Homélie sur Luc XXII). Il paraît qu'au huitième siècle l'Église catholique était loin d'offrir le spectacle, si vanté de nos jours, d'une imposante unité dans la doctrine et l'enseignement. Et puis, comment concilier ces divergences si frappantes de deux docteurs également vénérés, avec la prétendue infaillibilité qu'elle s'arroge ! Nous allons, du reste, avoir bientôt un échantillon de cette prétendue unité, dans la querelle sur les images.

Suit encore une digression sur les deux natures, après quoi il combat l'erreur des Manichéens et des Gnostiques. On ne peut rejeter sur Dieu le mal que font les méchants, parce que tout ce que Dieu a fait est bon et que chacun est bon ou mauvais par sa propre volonté. Les deux derniers paragraphes du livre traitent de l'antéchrist, des moyens qu'il emploiera pour séduire les hommes, de la résurrection générale et du jugement dernier. Notre âme s'étant de nouveau unie à notre corps rendu incorruptible, nous ressusciterons et nous nous tiendrons tout tremblants devant le tribunal de Christ. Alors Satan et ses démons, ainsi que l'antéchrist, les impies et les débauchés seront livrés au feu éternel, « qui ne sera pas matériel comme celui qui est « parmi nous, mais tel que Dieu sait. » Ceux qui auront fait de bonnes œuvres brilleront comme le soleil avec les anges, dans l'éternité, louant le Père, le Fils et le Saint-Esprit.

Tel est le résumé du grand ouvrage qui a valu à Damascène la réputation dont il a joui de son temps. Si l'on reproche à cette succincte analyse du décousu, du manque de suite ou de plan, ce sera pour moi une preuve qu'elle est fidèle et rend bien ce que j'ai éprouvé en parcourant les nombreuses pages in-folio occupées par l'exposition de la foi orthodoxe. Je ne puis cependant clore ici ce travail, car il est impossible, dans une étude, quelque imparfaite qu'elle soit, des œuvres de Damascène, de ne pas parler de ses discours sur les images et du rôle qu'il joua dans les discussions soulevées à leur sujet.

Jean Damascène et la querelle iconoclaste.

Je ne saurais mieux faire connaître la cause de cette querelle qu'en reproduisant ici fidèlement le passage suivant, d'un auteur dont l'autorité ne sera contestée par personne.

« Les empereurs byzantins, dit M. le professeur
« Chastel, profitèrent de cette langueur (intellectuelle)
« pour appesantir encore plus qu'auparavant leur sceptre
« sur l'Église. C'étaient eux qui, toutes les fois qu'il leur
« plaisait, nommaient et déposaient les patriarches.
« C'étaient eux qui convoquaient et dissolvaient les Con-
« ciles ; ils s'en passaient même au besoin, et, suivant
« leurs sympathies particulières et les intérêts chan-
« geants de leur politique, décrétaient ou des formes
« de culte ou des formules de foi.

« De bonne heure, le besoin de représentations sen-
« sibles, joint à l'amour des arts, avait introduit ce culte

« chez les chrétiens d'Orient, et les religieux, grands
« peintres d'images, ne cessaient d'encourager une dé-
« votion dont s'enrichissaient leurs monastères.

« Léon l'Isaurien, Constantin Copronyme et Léon
« l'Arménien, trois princes plus belliqueux que ne l'é-
« taient pour la plupart les empereurs de Byzance, s'in-
« dignent de voir prodiguer aux moines un argent dont
« ils avaient besoin pour leurs soldats. Prétextant les
« obstacles que ce culte idolâtre apportait à la conver-
« sion des musulmans et des juifs, ils proscrivent les
« images et persécutent avec fureur ceux qui conti-
« nuent à les honorer. Mais quelque temps après Cons-
« tantin, Irène monte sur le trône; après Léon l'Armé-
« nien, Théodora. Toutes deux, dévouées aux moines,
« profitent de la minorité de leurs fils pour rétablir le
« culte proscrit. Des conciles sont opposés à d'autres
« conciles; les mêmes évêques qui ont voté contre les
« images à Constantinople, votent pour elles à Nicée,
« les mêmes voix qui ont applaudi aux violences de Léon,
« applaudissent au zèle de Théodora. Comme on pouvait
« s'y attendre, la cause des images triomphe à la fin. »

Nous allons voir bientôt en détail ce qui se passa dans
les deux conciles, de Constantinople et de Nicée, où le
culte des images fut tour à tour proscrit et encouragé.
Pour mettre fin à la controverse des images, Constantin Copronyme assembla à Constantinople les évêques
de l'empire, qui se réunirent au nombre de 308, pour
tenir un concile général (754). Ouvert le 20 février, il
dura jusqu'au 8 août. Il y fut unanimement résolu que
servir les images, c'était tomber dans le polythéisme.
Peindre les images de Jésus-Christ, c'est diviser ses deux
natures comme Nestorius, ou les confondre avec Eu-

tyche et Dioscore. La vraie image de notre Seigneur, digne d'être honorée, est celle qu'il a lui-même instituée, à savoir la sainte Eucharistie, qui est le *type* et le *mémorial* de son sang. Les Pères appuient leur opinion sur divers passages de l'Écriture (Jean IV, 24) : *Dieu est esprit et il faut que ceux qui l'adorent, l'adorent en esprit et en vérité* (1 Jean I, 18). *Personne ne vit jamais Dieu ; le Fils unique, qui est dans le sein du Père, est celui qui nous l'a fait connaître,* et enfin sur le second commandement : *Tu ne te feras point d'image taillée etc.* Ils invoquent aussi en leur faveur le témoignage des Pères Épiphane, Grégoire de Naziance, Chrysostome, et en concluent qu'il faut enlever les images des temples et déposer, ou excommunier, les ecclésiastiques, ou les simples fidèles, qui leur rendraient un culte quelconque, soit en public, soit en particulier. Voilà comment à cette époque on entendait le prosélytisme et des faits récents et tristement célèbres nous montrent, à n'en pas douter, que le faux zèle dans l'Église catholique n'a pas varié sur ce point! Avant de se séparer, les Pères du Concile prononcent l'anathème contre le patriarche de Constantinople, l'évêque de Chypre et surtout contre Damascène, qu'ils traitent de « sarrazin, iconolâtre, faussaire, docteur d'impiété. Anathème à Mansour, maudit et favorable aux Sarrazins ! « Anathème à Mansour, adorateur d'images et faussaire ! Anathème à Mansour, injurieux envers Jésus-Christ et traître à l'empire ! Anathème à Mansour, docteur d'impiété et mauvais interprète de l'Écriture ! »

Avant d'aller plus loin, cherchons à nous faire une idée des trois discours que Damascène prononça en faveur des images.

Premier discours, Exorde : « Je devrais plutôt, con-
« naissant mon indignité, garder un perpétuel silence
« et me contenter de confesser à Dieu mes péchés. Mais
« voyant l'Église fondée sur le roc agitée d'une violente
« tempête, je ne dois pas me taire parce que je crains
« Dieu plus que l'empereur. Au contraire, c'est ce qui
« m'excite, car l'autorité des princes est d'un grand
« poids pour séduire les sujets. »

Après avoir cherché à prouver que l'Église est infail-
lible et qu'on ne peut l'accuser d'idolâtrie, il entre en
matière et s'efforce de justifier le culte des images. Le
second précepte du décalogue n'est applicable, selon
lui, qu'aux Juifs enclins à l'idolâtrie. Du reste, ils ne
pouvaient peindre celui qui est invisible; mais depuis
que par le mystère de l'Incarnation il est devenu homme,
on peut très-bien représenter sa forme humaine, son
baptême dans le Jourdain, sa transfiguration sur le
Thabor, ses tourments, sa croix, sa sépulture, sa résurrection, son ascension. « Exprimez tout cela par des
« couleurs, aussi bien que par des paroles, dit-il, ne
« craignez rien. » Il explique ensuite les différentes si-
gnifications du mot *image* et du mot *adoration*. Le Fils
de Dieu est l'image vivante du Père; les idées de Dieu
sont les images des choses qu'il veut faire. Il y a des
images partout, images dans la nature, images dans
l'histoire. La plante, la fleur, et le baume qui s'en ex-
hale, sont l'image de la Trinité; le soleil, son rayon et
la lumière qu'il répand, offrent encore l'image de ce
mystère. Le serpent d'airain fut le type de Christ, la mer
et la nuée qui accompagnait les Hébreux, le symbole du
baptême. On voit que si les arguments lui manquent,
l'imagination, par contre, ne lui fait pas défaut.

«Si c'est pour obéir à la loi, dit-il en s'adressant à
« l'empereur, que vous voulez ôter les images des
« Églises, il vous faut rétablir le sabbat et la circonci-
« sion. Mais sachez que si vous observez la loi, Jésus-
« Christ ne vous servira de rien » (Galates V, 2). Dé-
pouiller les églises des images des saints ou les détruire,
c'est ravir son armée au Sauveur, leur chef. Après avoir
invoqué différents passages des écrits de Grégoire de
Nysse, de Chrysostome, il s'écrie : «Nous n'obéirons
« point à l'ordre de l'empereur qui veut renverser la
« coutume de nos pères. Il n'est pas d'un prince pieux
« de prétendre abolir les usages et les décrets de l'É-
« glise, et ce n'est pas agir en père, mais en voleur, que
« de commander avec violence, au lieu de persuader par
« raison. Il n'appartient pas aux princes de décider sur
« ces sortes de matières, mais aux conciles. Ce n'est
« pas aux rois que Jésus-Christ a donné la puissance de
« lier et de délier, mais aux apôtres et à leurs succes-
« seurs, aux pasteurs et docteurs de l'Église. » Ici, rap-
pelant les paroles de Paul au Galates (I, 8), il dit : « nous
« n'ajouterons pas ce qui suit, pour leur donner lieu,
« par notre douceur, de changer de sentiment. Que si,
« ce qu'à Dieu ne plaise, ils persistent opiniâtrement
« dans leur erreur, alors nous prononcerons ce qui suit,
« c'est-à-dire l'anathème ! »

Le second de ses discours, qu'il a écrit, paraît-il, en
vue de certaines personnes qui n'avaient pas bien com-
pris le premier ou n'avaient pas pu en prendre connaissance, reproduit à peu près les mêmes idées. Dieu lui-
même aime les images ; il y en a partout. Il a fait la
première image en créant l'homme ; c'est encore lui
qui a fait la plus belle de ces images, son Fils. Ce qu'il

y a de plus remarquable dans ce second discours, c'est
un passage où il traite la question , à l'ordre du jour
depuis déjà longtemps, de la séparation du temporel et
du spirituel. S'adressant à l'empereur, voici comment
il s'exprime : « Nous vous obéirons en ce qui regarde
« les choses de ce monde, comme le paiement des im-
« pôts etc., mais dans les matières ecclésiastiques nous
« n'écoutons que nos pasteurs. Nous suivons fidèlement
« la tradition que nous avons reçue, et ne voulons point
« changer les bornes que nos pères ont plantées. Pour-
« quoi vous opposez-vous au culte des images , puisque
« la tradition (non l'Écriture) les autorise? Les Mani-
« chéens ont composé un Évangile selon saint Thomas,
« faites-en un, selon l'empereur Léon. Je n'obéis point
« aux empereurs qui usurpent le sacerdoce d'une ma-
« nière tyrannique, car on ne me persuadera pas que
« l'Église doive être gouvernée par les édits de l'empe-
« reur. » A l'appui de ce qu'il avance il cite les mêmes
passages que dans le discours précédent. Il en ajoute
quelques-uns de Chrysostome, Ambroise, Maxime,
Anastase d'Antioche.

Le troisième discours ne contient rien qui ne soit
dans les deux premiers. Il y distingue six classes
d'images, cinq genres de vénérations et sept espèces
d'êtres qui peuvent en être l'objet. Il trouve cette fois-
ci le type de la Vierge dans la pluie qui arrosa la toison
de Gédéon.

Je ne puis m'empêcher, après cette analyse succincte,
de rapporter ici sur ces trois discours le jugement d'un
auteur catholique qui , par conséquent , ne pourra
guère être accusé de partialité et me dispensera de formuler mon opinion. « Jean Damascène cite plusieurs

« passages des Pères pour prouver qu'on doit honorer
« les images des saints. Mais il n'y a *presque pas un mot*
« qui prouve directement ce qu'il avance, quoiqu'il en
« rapporte un très-grand nombre dans ces trois dis-
« cours. Il reconnaît que le culte des images ne peut
« s'établir par l'Écriture sainte et qu'il n'y a que la tra-
« dition de l'Église qui l'autorise » (Dupin, *Nouvelle bi-
bliothèque des auteurs ecclésiastiques*, VIII, 359).

Nous avons déjà vu le Concile de Constantinople pros-
crire en 754 le culte des images. Voici maintenant ce
qui fut décrété dans la septième session du Concile de
Nicée, tenu en 787, sous l'impératrice Irène.

« Nous décidons que les images, soit de couleur,
« soit de pièces de rapport, ou de quelque autre ma-
« tière convenable, seront proposées comme la figure
« de la croix, tant dans les églises, sur les vases et les
« habits sacrés, que dans les maisons et sur les chemins.
« On doit rendre à ces images le salut et l'adoration
« d'honneur, non le culte de latrie qui ne convient qu'à
« la nature divine. L'honneur de l'image passe à l'origi-
« nal, et celui qui adore l'image, adore le sujet qu'elle
« représente. Telle est la doctrine des Saints-Pères et la
« tradition de l'Église catholique. Ceux donc qui osent
« ou penser ou enseigner autrement, qui abolissent,
« comme les hérétiques, les traditions de l'Église, nous
« ordonnons qu'ils soient déposés s'ils sont évêques ou
« clercs, et excommuniés s'ils sont moines ou laïques. »
En fait de tolérance et de charité chrétienne, les Pères
de Nicée ne le cédaient en rien, comme on voit, à ceux
de Constantinople. Avant de se séparer, ils prononcent
l'anathème contre le concile de 754 et les patriarches
ou évêques qui le composaient, et réhabilitent la mé-

moire des prélats qui y avaient été anathématisés, surtout celle de Damascène.

Conclusion.

Si nous voulons, avec ce que nous connaissons de lui
maintenant, porter un jugement sur Damascène et ses
œuvres, il nous sera impossible de ne pas reconnaître
dans ses écrits des symptômes non équivoques de la dé-
cadence de la science chrétienne. On ne peut cependant
lui contester une grande érudition et une profonde
connaissance des écrits des Pères qui l'ont précédé.
Mais là se borne tout son mérite. On sent très-bien, en
lisant ses ouvrages, que, selon le jugement d'un auteur
cité plus haut, « la théologie grecque, dans les premiers
« temps si originale et si féconde, est tombée dans un
« déplorable état de stérilité. » C'est un habile compila-
teur, qui sait assez bien grouper, autour de l'opinion ou
de la doctrine qu'il défend, les passages de l'Écriture
ou des Pères qui peuvent l'appuyer et en faire ressortir
la vérité. Dans son *Exposition de la foi orthodoxe*, il
cite souvent textuellement les propres paroles d'écri-
vains antérieurs. Il ne veut rien créer de lui-même non-
seulement dans le domaine de la théologie, où il attend
les révélations de l'Esprit-Saint et où il s'en remet à
l'autorité des Pères de l'Église, mais même dans la
dialectique, où il ne veut que recueillir les fruits des
recherches antérieures, comme il le dit lui-même. Ἐρῶ
τοι γὰρ οὖν ἐμόν οὐδεν · *Τα δέ σποράδεν θείοις τε καί
σοφοῖς ἀνδράσι λελεγμένα συλλήβδεν ἐκθήσομαι.* Les
Pères qu'il a consultés de préférence sont : Grégoire

de Naziance, Grégoire de Nysse, Bazile de Césarée...
Dans ses écrits l'ordre est très-arbitraire et souvent
rompu par des digressions étrangères, ou tout au moins
de minime importance, ainsi que nous l'a montré l'a-
nalyse de son *Exposition*.

Son respect exagéré pour les écrits et les opinions
des auteurs qui l'ont précédé a étouffé en lui tout germe
d'indépendance et d'individualité. Ce même sentiment
l'a aussi empêché d'être original, et a fait de ses ouvrages une savante et consciencieuse compilation. Au
lieu de compter avant tout sur ses propres forces intel-
lectuelles dans l'étude des questions qui l'ont occupé,
il s'est laissé fasciner par la science de ses prédécesseurs, et de là à les imiter, souvent même à les copier,
la distance n'a pas été grande. Il a exploré le champ de
la théologie à la manière de beaucoup de nos modernes
voyageurs qui se figurent connaître une contrée, ses
plus beaux paysages et ses monuments les plus remar-
quables, lorsqu'ils l'ont parcourue, les yeux sans cesse
fixés sur un indicateur. C'est ce que Damascène me
semble avoir fait dans son exploration du champ de la
théologie.

Ne soyons pourtant pas injustes envers lui. Recon-
naissons, pour être vrais, les graves défauts de ses ouvrages, déplorons que son attachement servil aux auteurs qui l'ont précédé ne lui ait pas permis d'essayer de
ses propres forces et de fournir, lui aussi, sa pierre pour
l'édifice dogmatique dont les bases étaient déjà posées.
Mais sachons lui gré du spiritualisme dont il a donné
maintes preuves à une époque où l'Église, son culte
et ses institutions tendaient de plus en plus à se maté-
rialiser. N'oublions pas surtout l'indépendance dont il

a fait preuve en marquant d'une main ferme les limites du temporel et du spirituel.

S'il a voulu être fidèle à la tradition, il n'a pas cherché pour cela à se soustraire au joug de la Parole écrite dont il recommande la lecture avec une sainte ardeur. Il ne veut pas que l'autorité des Pères s'élève sur les ruines de la Parole sainte, et c'est pour cela qu'il en recommande l'étude aux fidèles. S'il n'a voulu que glaner dans le vaste champ cultivé avant lui, il ne veut pas aliéner le droit d'aller puiser à la source même de toute vraie connaissance chrétienne. Pour exhorter ses contemporains à la pratique de la vertu, il fait plus que proposer à leur imitation les saints personnages dont les annales de l'Église nous ont conservé les actes édifiants. Il les appelle aussi à contempler l'idéal de sainteté, de pureté, que l'Écriture offre à l'admiration des lecteurs les moins prévenus en sa faveur.

N'oublions pas surtout, nous enfants de la Réforme et par conséquent partisans dévoués de la sainte cause de la liberté de conscience, que dans un siècle où l'Église et ses conducteurs courbaient servilement la tête sous le sceptre et recevaient trop souvent leur mot d'ordre des chefs de l'État plutôt que de l'Écriture, un simple moine n'a pas craint de dire à un puissant monarque : « Nous vous obéirons en ce qui regarde les « choses de ce monde, mais pour ce qui est du domaine « religieux, nous n'écoutons que nos conducteurs spirituels. « On ne me persuadera pas que l'Église doive « être gouvernée par le pouvoir civil. »

Nobles paroles ! qui auraient épargné à l'Église bien des humiliations et des bassesses, si elle avait marché sur les traces de l'un des docteurs qu'elle a mis au nombre de ses saints! Si elle avait cherché à les mettre en pratique, les liens dorés qui l'unissent à l'État ne seraient pas si souvent devenus une lourde et insupportable chaîne. Fidèle avant tout aux ordres de son divin fondateur, elle se serait efforcée de former et d'élever ici-bas des bourgeois pour les cieux, en rendant à César ce qui appartient à César et à Dieu ce qui n'appartient qu'à Dieu.

Vu, le Président de la soutenance,
Strasbourg, le 10 novembre 1862.
RICHARD.

Permis d'imprimer.
Strasbourg, le 14 novembre 1862.
Le Recteur, DELCASSO.

www.ingramcontent.com/pod-product-compliance
Lightning Source LLC
LaVergne TN
LVHW020452060726
842525LV00005B/1677